# COLONNE
## DE LA
# GRANDE ARMÉE
### A BOULOGNE-SUR-MER.

LAVIGNE, ÉDITEUR, | RENAUD, LIBRAIRE,
RUE DU PAON-ST-ANDRÉ, 1, A PARIS. | A BOULOGNE-SUR-MER.

# COLONNE

DE

# LA GRANDE ARMÉE

A

BOULOGNE-SUR-MER.

## Résumé historique.

### LA COLONNE DE LA GRANDE ARMÉE

VOTÉE AUX ACCLAMATIONS DE L'ARMÉE DE TERRE ET DE MER
le 21 septembre 1804.

**PREMIÈRE PIERRE POSÉE LE 9 NOVEMBRE 1804.**

M. le général ANDRÉOSSY, président de la commission des travaux.

M. LABARRE, architecte.

---

### EN 1814, COLONNE DES BOURBONS.

REPRISE DES TRAVAUX, OCTOBRE 1819.

LA DERNIÈRE PIERRE DU FUT POSÉE
le 1er juillet 1821.

24 AOUT 1824, INAUGURATION
**DES INSIGNES DE LA RESTAURATION,**

LEUR DISPARITION EN 1830.

4 JUIN 1831,
*Décision qui rend au monument le titre de*
**COLONNE DE LA GRANDE ARMÉE.**

MORT DE M. LABARRE EN 1832. — M. HENRY LUI SUCCÈDE.

INAUGURATION DE LA STATUE DE NAPOLÉON,
le 15 août 1841.

---

LOUIS-PHILIPPE Ier, Roi des Français.

M. le maréchal SOULT, ministre de la guerre.

M. le comte DUCHATEL, ministre de l'intérieur.

M. DEMOUSSEAUX DE GIVRÉ, préfet du Pas-de-Calais.

M. le lieutenant-général comte CORBINEAU, commandant la 16e division militaire.

M. le maréchal-de-camp LÉTANG, commandant le département.

M. DE MENTQUE, sous-préfet de Boulogne.

M. ADAM, maire de Boulogne.

M. HENRY, architecte de la Colonne.

# COLONNE

DE

# LA GRANDE ARMÉE

A

BOULOGNE-SUR-MER.

SON ORIGINE. — SA FONDATION. —
ANECDOTES SUR L'EMPIRE ET LA RESTAURATION. — DESTINATIONS DIVERSES.
— INAUGURATION DÉFINITIVE.

**Par A\*\*\*\*\*\* P\*\*\*\*\*\*\***

DU PAS-DE-CALAIS.

| LAVIGNE, ÉDITEUR, | RENAUD, LIBRAIRE, |
|---|---|
| RUE DU PAON-SAINT-ANDRÉ, 1, A PARIS. | A BOULOGNE-SUR-MER. |

1841.

Le 21 septembre 1804 (1er vendemiaire an XIII), l'armée de terre sous les ordres du maréchal Soult et campée sous les murs de Boulogne vota l'érection, à ses frais, d'une colonne de 50 mètres de hauteur, destinée à rappeler les hauts faits de l'armée française, à consacrer l'immortelle expédition d'Égypte et à perpétuer le souvenir de la première distribution faite en présence de 100,000 braves, des décorations de la Légion d'Honneur.

Le même jour l'armée navale, commandée par le vice-amiral Bruix, et composée des flottilles réunies dans les ports de Boulogne, Wimereux et Ambleteuse, demanda et fut admise à partager le vœu de l'armée de terre.

Une commission fut presque aussitôt nommée pour la direction des travaux.

Les généraux Andreossy, Suchet, Bertrand; le colonel Franceschi, le général Combis commandant la division des transports de la flottille, l'ordonnateur en chef Arcambal en furent les premiers membres sous la présidence de M. le général Andréossy chef d'état major du maréchal Soult qui, par ses talents, par son courage, avait déjà conquis à cette époque autant de gloire que d'honneurs. Cette commission, depuis, fut plusieurs fois renouvelée par suite des changements de destination des membres qui la composaient.

Afin d'assurer les fonds nécessaires à l'érection du monument, il fut décidé que l'on retiendrait à tous les officiers et à tous les employés supérieurs de l'administration une journée de leurs appointements par mois.

Les retenues cessèrent pour les marins à mesure qu'ils quittaient les ports de Boulogne, de Wimereux et d'Ambleteuse, mais elles continuèrent d'avoir lieu pour l'armée de terre pendant plusieurs années après la levée du camp, en Espagne surtout, dans les corps que commandait M. le maréchal Soult.

La construction du monument fut mise au concours. Ce fut l'architecte Labarre auquel, depuis, nous avons dû le magnifique monument de la Bourse, qui l'emporta sur ses rivaux dans cette lutte honorable. Son projet répondait parfaitement à l'intention des fondateurs.

Les noms des artistes les plus recommandables devaient se placer à côté du sien. Houdon s'était chargé du modèle de la statue qui devait être revêtue des ornements impériaux, porter le sceptre et la couronne et avoir de quinze à seize pieds de hauteur; Moitte, des bas-reliefs au nombre de trois, etc., etc.

La durée des constructions avait été fixée à quatre années. Alors que d'une voix unanime toute l'armée votait cet immortel souvenir de son enthousiasme, pouvait-on supposer le plus léger obstacle, un retard même ?

Les versements de souscriptions eurent lieu d'abord régulièrement, mais une succession d'événements dispersa les corps d'armée souscripteurs, diminua le montant des retenues, multiplia les difficultés de réaliser les fonds dans la caisse de la commission directrice des travaux, de là vint que conduits lentement, interrompus souvent, ils se prolongèrent jusqu'en septembre 1811, c'est-à-dire pendant sept ans et demi, sans être terminés. D'un autre côté, tout occupé de ses guerres, Napoléon n'avait pas eu le temps de songer au présent de ses soldats, de lui venir en aide par quelque riche dotation.

La Restauration le trouva donc à peine sorti de terre. Tous les matériaux étaient prêts : mais à les voir étendus sur le rivage qu'ils devaient dominer, au milieu de débris de toutes sortes ; à voir l'immense échafaudage qui s'élevait à près de 180 pieds et avait déjà coûté la somme énorme de 230,000 fr., on aurait plutôt cru à un monument renversé qu'à un monument à construire. Le spectacle de ces ruines anticipées devait être douloureux pour tous les habitants du Pas-de-Calais, pour ceux de Boulogne en particulier. Si je puis citer mon témoignage, je rappellerai la douloureuse sensation que j'éprouvais étant enfant, en les parcourant avec mes compagnons d'étude. Aussi s'éleva-t-il de nombreuses réclamations, les unes inspirées par un véritable dévouement aux arts, les autres par l'esprit de parti. Mais enfin le but était le même. C'était l'achèvement du monument qui avait déjà coûté tant d'argent, de travaux et de peines, que l'on sollicitait avec instance. Une dette avait été contractée envers le département du Pas-de-Calais, on en voulait l'acquittement.

De 1814 à la fin de 1816, les plaintes un instant arrêtées par les événements qui furent la conséquence des cent-jours et de la seconde restauration, n'eurent pas toute l'unité désirable, mais, en juillet 1817, M. Malhouet, alors préfet du Pas-de-Calais, réclama avec énergie l'achèvement du monument. Il le réclama au nom des arts, de la France, en faisant adroitement remarquer, pour ne pas éveiller de jalouses et ombrageuses susceptibilités, qu'il ne portait aucune empreinte qui retraçât son origine et sa destination; que nul bas-relief, nulle sculpture n'offrait les emblèmes du gouvernement qui n'était plus.

En effet, sous prétexte que le travail n'en était pas bon, — que les sujets n'étaient pas de nature à être conservés, que la matière même n'était pas de belle qualité, statue et bas-reliefs avaient été fondus.

La statue de Napoléon, exécutée par le sculpteur Houdon, et haute de quatorze pieds sans le bouclier, avait servi avec le bronze, depuis long-temps rassemblé pour les ornements, à terminer la statue de Henri IV qui décore le Pont-Neuf.

Notre sollicitude, celle de nos autorités était bien naturelle, mais elle n'était pas partagée à Paris par les dépositaires des pouvoirs de la Restauration. Leur répugnance pour tout ce qui pouvait rappeler le gouvernement impérial se manifestait à chaque instant de la manière la moins douteuse; aussi, malgré tous les déguisements proposés, firent-ils long-temps la sourde oreille. L'un des ministres d'alors, — je n'ose livrer son nom au mépris de la postérité, — avait même trahi la secrète et véritable pensée du gouvernement. Il avait proposé d'en finir avec la colonne de la grande armée, de détruire ce qui avait été élevé, et de tirer parti des matériaux! Près du lieu où avaient été dressés le trône de Napoléon, l'estrade sur laquelle montaient le cœur ému, transporté, les premiers décorés de la Légion d'Honneur, un commissaire-priseur serait venu vendre au plus offrant et dernier enchérisseur les pierres qui rappelaient de si glorieux souvenirs!......

Ces projets, dignes d'un Vandale, long-temps tenus secrets à Paris, finirent cependant par être connus et ils excitèrent parmi nous non-seulement un mécontentement général mais une nouvelle ardeur pour la défense de la colonne, plus menacée qu'elle ne l'avait été jamais par les tempêtes ou les ennemis de la France.

Le 5 février 1818, la pétition suivante, curieux monument historique, était présentée à la chambre des

Pairs, et le 26 du même mois à la chambre des Députés.

« 28 décembre 1817.

» Messieurs,

» La colonne de Boulogne qui devait être élevée aux frais de l'armée française, et qui a déjà coûtée près de deux millions, est restée imparfaite. Cette colonne devait avoir cinquante mètres d'élévation et elle n'est qu'au tiers de sa hauteur. Mais tous les marbres sont amenés sur le terrain, taillés et polis et n'attendent plus que la pose.

» Il serait instant de terminer sans retard ce beau monument parce que l'échafaudage, qui a coûté près de 300,000 francs, dépérit chaque jour et deviendrait dans peu de temps hors d'état de service.

» Une commission, nommée à la fin de 1814, a estimé à une somme de 150,000 francs les travaux pour l'achèvement de cette colonne.

» La ville de Boulogne qui a été une des premières témoin du retour de notre monarque bien-aimé dans ses états, au mois d'avril 1814, lorsqu'il méditait cette Charte immortelle qu'il projetait de donner à ses peuples, proposa que cette colonne fût achevée et consacrée à rappeler le retour du roi dans ses états, le bienfait de la concession de la Charte, et qu'elle fût en conséquence dédiée à *Louis XVIII, Restaurateur de la monarchie et Protecteur de la liberté publique.*

» Elle dépose respectueusement ce vœu par l'organe de ses magistrats dans le sein de la chambre, en la priant de le convertir en vœu national.

« Les maire, adjoints et membres du conseil municipal de Boulogne-sur-Mer.... »

La chambre des Pairs renvoya cette pétition au ministre de l'intérieur avec une apostille favorable, faisant observer que la nouvelle destination donnée au monument avait paru à la chambre devoir mériter l'attention du ministre.

La chambre des Députés fit suivre son envoi de quelques recommandations également pressantes :

« Votre commission, disait le rapporteur, en appréciant l'honorable motif de cette réclamation présentée comme l'expression du vœu des habitants d'une des premières villes qui ont eu le bonheur de jouir de la présence de leur monarque, considérant que ce monument, déjà au tiers de sa hauteur, a coûté près de 2,000,000 et que, suivant le devis d'une commission nommée à la fin de 1814, une somme de 150,000 fr. paraît être suffisante pour son achèvement, propose le renvoi de cette pétition à M. le ministre de l'intérieur. »

Quelques mois après, en octobre 1818, autant que je puis me le rappeler, une décision du conseil municipal était remise au ministre de l'intérieur en audience particulière.

Plus tard encore, dans la séance du 1$^{er}$ mars 1819, la chambre des Pairs renvoyait également au ministre de l'intérieur cette nouvelle pétition du conseil municipal de Boulogne, en date du 7 janvier.

« Messieurs,

» Dans sa séance du 28 décembre 1817, le conseil municipal a émis le vœu que la colonne de Boulogne fût consacrée à rappeler le retour du roi dans ses états, le bienfait de la concession de la Charte, et qu'elle fût en conséquence dédiée à S. M. Louis XVIII, Restaurateur de la monarchie et Protecteur de la liberté publique.

» Vous avez daigné, Messieurs, dans la dernière session, adopter et appuyer ce vœu qui, par l'assentiment des deux chambres, est devenu en quelque sorte un vœu national.

» Une somme de 484,000 fr. étant encore nécessaire pour l'achèvement de ce monument, qui a déjà coûté 1,500,000 fr., les charges de l'état ne permettant pas au gouvernement de fournir cette somme, le conseil municipal a émis, dans sa séance du 27 novembre dernier, le vœu qu'une souscription fût ouverte dans tous les départements pour obtenir les fonds nécessaires à l'achèvement de la colonne.

» Si ce vœu pouvait obtenir l'approbation des chambres et leur appui auprès du gouvernement, le succès de la souscription serait assuré.

» Et pour que la colonne de Boulogne, au pied de laquelle le roi est pour ainsi dire débarqué en rentrant dans ses états au mois d'avril 1814, devienne un monument national, nous proposons aux deux chambres d'émettre le vœu que les hauts fonctionnaires du royaume, les grands corps de l'état, les autorités administratives et judiciaires, les conseils généraux de département, au nom de leur département, les conseils municipaux, au nom de leur commune, les militaires de tous grades et les divers fonctionnaires et employés publics, soient spécialement invités par le ministre compétent à prendre part à la souscription.

» L'on verra ainsi s'achever un monument qui a déjà coûté 1,500,000 francs, qui consacrera l'époque de la restauration de la monarchie et de la fondation de la liberté publique et attestera aux âges à venir l'amour et la reconnaissance des Français envers le prince à qui la nation doit ce double bienfait, gage immortel du bonheur et de la prospérité de la France. »

Dans la séance du 27 novembre 1818, dont il vient d'être question, le conseil avait pris, en effet, un arrêté pour organiser cette souscription originale en tête de laquelle il espérait que le duc d'Angoulême mettrait son nom.

On comptait sur 10 francs par commune, et il y avait quarante-quatre mille municipalités !.. C'était donc, suivant le calcul de nos confiants municipaux, près de 440,000 fr. d'assurés !... Ce projet n'était pas d'une facile exécution et je suis certain qu'on ne serait jamais parvenu à le réaliser, même en petite partie. Bien que jugé impraticable, il rendit cependant service. On s'en effraya à Paris : on y crut voir les éléments d'une sorte de protestation bonapartiste. On le repoussa, on le tourna tant que l'on put en ridicule; mais on n'osa plus parler d'abattre la base de la colonne et de vendre sur place les matériaux qui la composaient.

En juin 1819, une proposition plus sérieuse fut faite au conseil général. Voici de quelle manière s'exprimait son auteur :

« Un prince français digne héritier des vertus qui brillent sur le trône des Bourbons, voyageant naguère dans l'un des départements le plus long-temps et le plus cruellement agité, prononçait ces mots : *Union! oubli!* et aussitôt ils ont été répétés par tous les Français, amis de la patrie et du roi.

» *Union!...* Tel est, à la fin d'une révolution si profonde et si heureusement terminée, tel est le vœu, tel est le besoin de tous les cœurs fatigués de dissensions et de haines.

« *Oubli!...* Oui, nous oublierons nos cruelles discordes et les fautes qui les ont produites et les malheurs qu'elles ont amenés. Mais cet oubli n'atteindra pas les glorieux évènements, les exploits mémorables. Nous oublierons et les projets d'envahissement et les attentats à l'indépendance des nations et quelques entreprises injustes punies par tant de désastres. Mais nous n'oublierons pas le dévouement, l'activité, l'héroïsme de nos guerriers. Nous n'effacerons pas des souvenirs qui, au milieu de nos malheurs, élèvent encore le nom français et commandent l'estime aux nations étrangères.

» Nous nous rappelons ce mot d'un autre prince

(Monsieur) : *La gloire des armées françaises doit être revendiquée par les princes français.*

» Nous répétons aussi avec un noble pair : *Il ne faut pas distinguer entre les services rendus au roi et les services rendus à l'état.*

» Ce sentiment qui est dans tous vos cœurs a porté ma pensée sur l'un des monuments de la gloire nationale, élevé dans les limites de notre département, abandonné ou suspendu depuis plusieurs années.

» Je veux parler de la colonne du camp de Boulogne.

» Le séjour de la grande-armée n'est pas le seul événement qui ait consacré le territoire de cette ville intéressante. Sur ces rivages sont empreints les premiers pas d'un prince rendu enfin à sa patrie après un long exil ; d'un prince sans cesse occupé de justifier les vœux et les espérances qui hâtaient son retour. Là, en 1814, est descendu Louis XVIII.

» La colonne dont j'ai l'honneur de vous parler, est en marbre tiré des carrières de ce département. Déjà elle s'élève à 50 pieds ; sa hauteur totale doit être de 150. Les blocs pour l'achever sont prêts. Il ne s'agit plus que de les élever et de les poser. L'échafaudage existe : il a coûté 250,000 fr. Il faudrait au plus 200,000 fr. pour terminer ce monument dont les proportions sont colossales et dont la construction ne laisse rien à désirer.

» Cette colonne, destinée à consacrer la gloire de l'armée française, ne porte aucune empreinte qui retrace son origine. Nul bas-relief, nulle sculpture n'offre les emblèmes d'un gouvernement qui n'est plus.

» Il vous appartient, messieurs, de réclamer auprès du roi l'achèvement d'un monument honorable.

» Cette proposition est urgente : encore deux ans, l'échafaudage tombe en ruines. Au lieu de 200,000 fr. nécessaires aujourd'hui pour terminer la colonne, il en coûterait 400,000.

» Quel motif, quels scrupules pourraient nous arrêter ?

» Le Louvre commencé sous un Bourbon, continué sous un autre gouvernement, le Louvre ne restera pas imparfait.

» Je ne doute pas, Messieurs, que vous n'accueilliez avec intérêt, avec bienveillance, la proposition que j'ai l'honneur de vous soumettre. »

En effet, le conseil, partageant les opinions de l'orateur, écrivait au bas de la proposition :

» Le conseil-général émet le vœu unanime que la
» colonne de Boulogne soit incessamment achevée et
» destinée à consacrer le souvenir de la rentrée du Roi
» dans ses états. »

Les intentions du conseil, représentant la population en cette circonstance, n'étaient point douteuses. Elles furent encore plus clairement exprimées dans un autre document que je possède et qui ne saurait manquer d'avoir sa place dans ce récit des vicissitudes du monument dont j'ai entrepris l'histoire. C'est un mémoire adressé au duc d'Angoulême !....

« Septembre 1819.

» Monseigneur,

» La ville de Boulogne, qui, le mois de novembre dernier, avait espéré jouir du bonheur de posséder votre A. R. dans son sein, ose réclamer votre auguste protection en faveur d'un monument élevé sous ses murs aux frais et à la gloire de l'armée.

» La colonne de Boulogne, tout en marbre du pays poli et taillé avec art, doit, par l'élégance et la noblesse de ses proportions, surpasser tous les monuments de ce genre qui existent en Europe. Elle a déjà coûté 1,500,000 fr., indépendamment des 28,000 fr. payés par la ville de Boulogne pour l'achat du terrain. Elle se trouve au tiers de sa hauteur qui doit être de 50 mètres.

» Au mois de février 1815, les ministres de l'intérieur et de la guerre convinrent que la colonne de Boulogne serait achevée aux frais du ministère de l'intérieur, et qu'il y serait établi un phare que réclamaient les besoins de la navigation.

» En conséquence le ministre de la guerre écrivit, le 16 février, à la commission des travaux, pour la prévenir de cette nouvelle destination.

» Cette commission avait fait déposer dans les ateliers de la fonderie du Roule cent milliers de bronze dont le ministère de l'intérieur a disposé au mois de décembre 1815 pour la statue de Henri IV.

» La colonne s'est trouvée par là créancière du ministère de l'intérieur d'une somme de 100,000 fr., valeur de ces bronzes.

2.

» De son côté le ministère de la guerre redoit à la colonne, sur les retenues faites à l'armée, une somme de 20,000 fr., ainsi que l'on peut s'en assurer par les comptes qui se trouvent déposés au ministère de la guerre.

» Quatre à cinq mille étrangers qui vont annuellement en Angleterre ou qui en reviennent, passent au pied de la colonne et semblent accuser la France de barbarie en voyant un si beau monument inachevé.

» Presque toutes les pierres déposées au pied du monument, taillées et polies, n'attendent plus que la pose. Il est de la plus grande urgence que cette pose ait lieu le plus tôt possible, si l'on veut prévenir la ruine de l'échafaudage qui a coûté 230,000 fr., et éviter qu'il n'écrase par sa chute, la partie de la colonne qui est déjà achevée.

» 150 à 160,000 fr. suffiraient pour l'achèvement de ce monument, en ajournant à des temps moins difficiles la confection des bas-reliefs et des autres ornements.

» L'armée à qui il a été retenu 1,500, à 1,600,000 fr., semble avoir le droit de réclamer que la colonne de Boulogne soit achevée, surtout lorsque les ministères de la guerre et de l'intérieur doivent déjà une somme de 120,000 fr., et que l'on retirerait ensuite de la vente de l'échafaudage une somme de 50 à 60,000 fr.

» D'un autre côté l'honneur national et du gouvernement du Roi est intéressé à ce qu'un aussi beau monument qui a coûté, jusqu'à ce jour, d'aussi fortes sommes, ne reste pas imparfait lorsqu'il en coûterait si peu pour le terminer.

» En attendant le moment où les finances de l'état permettraient d'exécuter les travaux de pur ornement et de surmonter la colonne de la statue de Henri IV, patron de la Légion d'Honneur, l'on pourrait l'utiliser en y établissant un phare, réclamé par les besoins de la navigation de ces parages.

» Protecteur éclairé des arts, ami de la gloire nationale, jaloux de rattacher les hauts faits militaires des temps modernes à ceux des temps anciens, et d'entourer le trône de cette double auréole de gloire, c'est à vous, Monseigneur, en qui éclatent d'une manière si brillante, les qualités toutes françaises du bon Henri, qu'il appartient d'interposer votre puissante intervention pour obtenir l'achèvement d'un monument qui est une dette de la nation envers l'armée, et qui, avec l'arc de triomphe de l'Étoile, doivent être deux des plus beaux monuments du règne du Roi et de l'Empire.

» La ville de Boulogne ose donc vous prier, Monseigneur, de vouloir bien porter au pied du trône les puissantes considérations qui viennent d'être développées, et, en ajournant les travaux du soubassement, les bas-reliefs et tout ce qui n'est que d'ornement, supplier le Roi d'ordonner que la colonne de Boulogne sera achevée, qu'il sera fait un devis des dépenses strictement nécessaires pour terminer son élévation et que l'importance en soit portée au prochain budget de l'état.

» Par là votre altesse royale acquerra de nouveaux

droits à la reconnaissance des Français et les attachera par de nouveaux liens d'amour et d'affection au trône légitime des Bourbons. »

Cette pétition, rédigée, à part les phrases indispensables et de circonstance, avec une certaine dignité de bon goût, donne en quelque sorte la biographie de la colonne.

En effet, vers la fin de 1814, sa destination avait été complétement changée. Les ministres de la guerre et de l'intérieur d'alors étaient convenus d'en faire un phare. Il avait même été arrêté que le ministre de la guerre en ferait la remise à celui de l'intérieur.

Le premier écrivait à la date du 16 février 1815, au secrétaire de la commission de la colonne...

« L'administration des ponts-et-chaussées devant
» être chargée de l'exécution des travaux propres à faire
» servir la colonne du camp de Boulogne à l'établisse-
» ment d'un phare qui fût utile à la navigation, je vous
» préviens que vous serez appelé à concourir à la
» rédaction du procès-verbal de remise pure et simple
» de la colonne dans l'état où elle se trouve. »

Heureusement pour le monument appelé à orner nos rives du Nord, la commission de la colonne et l'administration des ponts-et-chaussées ne purent jamais parvenir à s'entendre sur les conditions de cette remise. Elle n'eut pas lieu, et pendant long-temps encore, par suite des événements politiques que j'ai racontés plus haut, le monument fut livré à l'abandon, à l'action destructive de l'air, menacé de ruine avant même d'avoir existé !....

De grands et nobles souvenirs se rattachaient cependant à lui! C'était du pied de la colonne qu'était partie, au mois de septembre 1805, cette belle armée qui, six semaines après, faisait capituler le général Mack dans Ulm, et terminait par la bataille d'Austerlitz une campagne qui n'avait été pour l'armée française qu'une suite non interrompue de succès, de triomphes et de prodiges de tout genre.

La persévérance dans les demandes ne tarda pas cependant à produire un résultat. Il ne fut plus possible à l'administration de nous répondre par de nouveaux retards, de nouvelles défaites ; et, au mois d'octobre 1819, ordre fut donné à l'architecte de faire continuer les travaux. Rendons-lui justice! Bien que tout ses projets dussent être changés, bien qu'il eût beaucoup souffert dans ses intérêts, il obéit avec le zèle le plus louable. Dès le 15 novembre suivant on reprenait la pose des marbres et le fût de la colonne était augmenté de 15 pieds.

A cette époque, j'eus le plaisir de revoir M. Labarre à Boulogne. Il y était venu pour visiter les travaux, dresser un état de situation, s'entendre avec le préfet, déterminer une ligne entre l'ancienne comptabilité et la nouvelle, passer de nouveaux marchés, et mettre fin à des difficultés suscitées aussi bien par le mauvais vouloir que par l'ignorance!

Le 9 mai 1820, le fût de la colonne était augmenté

de 22 pieds et demi, ce qui portait l'élévation totale du monument à 82 pieds et demi au-dessus du sol !

Enfin, à l'aide d'importunités, de sollicitations sans nombre, de crédits arrachés avec une peine extrême, à travers mille contrariétés, mille obstacles, la colonne grandit petit à petit, et en 1821 l'on était arrivé aux dernières assises du fût.

Ce fut alors que la Restauration, par une de ces cérémonies qu'elle prodigua en pure perte puisqu'elle n'acheva presque rien, eut l'idée de s'emparer officiellement de la colonne de la grande-armée, de la confisquer à son profit, — si je puis m'exprimer ainsi, — d'y incruster la preuve de son existence.... Le 29 juin 1821 M. Labarre quittait de nouveau la capitale et ses travaux pour venir assister à la pose de la dernière pierre de ce fût.

Le 2 juillet suivant cette cérémonie eut lieu : et, pour que les générations futures sussent parfaitement à qui elles devaient le monument qui allait faire l'orgueil de notre pays, on déposa, comme on l'avait fait à Lyon lors de l'inauguration de la statue de Louis XIV sur la place Bellecour, des médailles, des monnaies et une table en bronze indiquant l'époque de l'établissement de la colonne et celle de son achèvement, le tout enfermé, ainsi qu'une copie du procès-verbal sur parchemin, dans une boîte de bois de cèdre garnie extérieurement en plomb. Ce coffre fut placé dans une cavité ménagée au milieu du noyau de l'escalier et recouvert d'une pierre.

Les médailles en bronze, — et toutes du règne de Louis XVIII, — étaient au nombre de trente-neuf. Les portraits sur cristal du Roi, de Monsieur et du duc d'Angoulême se trouvaient également dans la boîte. Celle-ci est-elle encore dans la colonne? Je l'ignore.

Autant que je puis me le rappeler, il y avait à cette cérémonie M. Siméon, alors préfet, M. le général Balathier, M. Gengoult, sous-préfet de Boulogne, M. de Rosny, maire de la ville.... et le bon Labarre, qui le soir de la fête me disait... : « C'est une chose re-
» marquable qu'un monument de cette importance
» soit élevé à 120 pieds de haut sans qu'il y ait eu des
» monnaies déposées dans les fondations, et que ce
» cérémonial ait été réservé pour une destination nou-
» velle et *qui ne peut plus désormais en avoir d'au-*
» *tres!* »

Le digne architecte ne soupçonnait guère ce qui devait arriver quelques années plus tard !

Repris et continués, en 1821, avec une grande activité, les travaux permirent enfin de songer à une inauguration solennelle. M. Labarre, répondant au vœu du conseil-général du Pas-de-Calais, proposa de placer au haut de la colonne, non l'effigie de Henri IV, comme quelques personnes en avaient eu l'intention, mais une statue de Louis XVIII, haute de douze pieds, d'en confier l'exécution au sculpteur Cartelier, l'auteur de la statue de Louis XV, à Reims, et de charger le même artiste d'un bas-relief représentant le retour du roi dans ses états.

Ce fut Louis XVIII lui-même qui s'opposa à ce que son image fut placée sur ce monument qui n'avait pas été destiné à la recevoir. Le vieux roi avait déclaré que de son vivant il ne voulait pas qu'on lui élevât de statues. A la place de son effigie on eut d'abord l'idée de placer une figure avec les attributs de la paix, un globe avec les armes de France, puis un phare, — ce qui me plaisait assez, — mais des raisons d'économie s'opposèrent à ce dernier projet. Qui aurait payé les frais d'entretien du phare? Il fut aussi décidé que l'une des faces du piédestal porterait l'inscription suivante :

CETTE COLONNE
VOTÉE PAR L'ARMÉE RÉUNIE A BOULOGNE
D'OÙ ELLE MENAÇAIT L'ANGLETERRE
A ÉTÉ COMMENCÉE EN 1804.
DEVENUE UN MONUMENT DE PAIX
PAR LA RESTAURATION DU TRONE DES BOURBONS,
ELLE A ÉTÉ ACHEVÉE SOUS LES AUSPICES DE SA MAJESTÉ LOUIS XVIII
ET CONSACRÉE AU SOUVENIR TOUJOURS CHER AUX FRANÇAIS
DE SON HEUREUX RETOUR DANS SES ÉTATS EN 1814.
LA DERNIÈRE PIERRE A ÉTÉ POSÉE LE 1ᵉʳ JUILLET 1821,
M. LE COMTE SIMÉON ÉTANT MINISTRE DE L'INTÉRIEUR,
PAR M. LE BARON SIMÉON,
PRÉFET DU DÉPARTEMENT DU PAS-DE-CALAIS.

LABARRE, ARCHITECTE.

On a publié plusieurs dessins de la colonne de Boulogne, — dans la collection des principales vues de la France il en existe au moins deux ou trois — : tous diffèrent entre eux, et le motif de cette différence est facile à concevoir, grâce aux changements de gouvernements.

M. Labarre, jaloux comme tout créateur d'arriver à un dénoûment quelconque, avait compris qu'il ne parviendrait à obtenir d'achever le monument qu'en parlant d'économie, qu'en ne demandant que ce qui était strictement nécessaire pour le terminer. Aussi, dans ses nouveaux projets ne fut-il pas question de remplacer les ornements nombreux qui se trouvaient sur le premier plan. Voyant même que l'on avait renoncé a placer la statue de Henri IV sur le faîte, que Louis XVIII ne se souciait pas d'y figurer, il imagina de proposer pour couronnement un globe traversé par une flèche perpendiculaire.

Cette flèche ne plut pas et on décida, — je ne sais où, — de la remplacer par une couronne royale, puis de fleurdeliser le globe.

En 1824 je vis placer ce singulier ornement, aussi bien qu'une galerie en fer pour entourer la plate-forme régnant sur le chapiteau. Mais ce fut seulement le 24 août, veille de la Saint-Louis, qu'on le découvrit comme s'il se fût agi de quelque chef-d'œuvre. Le globe en cuivre doré avait 5 pieds 6 pouces de diamètre, 85 pieds de superficie. Quatre énormes fleurs de lis lui servaient d'ornement ; la couronne reposait dessus.... A une certaine distance il n'était pas facile de deviner ce que c'était que ce bizarre assemblage.

Vers le milieu de 1823 l'échafaudage qui emprisonnait la colonne de toutes parts depuis près de seize années, fut enlevé et elle put enfin paraître dans tout son éclat.

Situé sur une hauteur, à une assez bonne distance du rivage, ce monument qui peut, par la solidité de sa construction, rivaliser avec la colonne de la place Vendôme, domine majestueusement le pays d'alentour. De sa plate-forme la vue s'étend à plus de vingt lieues en mer. Par un beau temps les côtes d'Angleterre apparaissent fort bien aux regards, et les blanches falaises de Douvres, se dessinant sur un fond de vapeur, tranchent sur l'horizon de la manière la plus pittoresque.

Lors de la solennité du 24 août 1824, véritable prise de possession au nom de la Légitimité, il avait été constaté qu'il fallait, pour que le monument fût complet, faire les bas-reliefs, terminer l'enceinte de la colonne, le dallage, etc., etc. C'était peu de chose relativement au monument entier, mais c'était beaucoup si l'on veut se rappeler tous les mauvais vouloirs des administrations qui, pour le malheur de la province, se succèdent si souvent dans la capitale. Je me souviens qu'en 1825, à la chambre des Députés, la commission du budget émettait des craintes sur les souvenirs que pouvait rappeler la colonne, même après la précaution que l'on avait prise de la défigurer si complétement. Le plus curieux c'est que, presque au même moment, madame la duchesse de Berry, se trouvant à Boulogne, visitait cette colonne regardée comme séditieuse, et en faisait acheter une copie pour mettre dans son cabinet des Tuileries!....

En avril 1829, le ministre de l'intérieur avait décidé,

sur la proposition de M. Labarre approuvée par le conseil des bâtiments civils, que les bas-reliefs et inscriptions seraient exécutés en marbre que l'on devait extraire de la carrière Duhamel, située près du hameau de Brequeneck, et invitation avait été adressée au préfet de s'occuper de la recherche des blocs. Il y avait eu hésitation entre ces derniers et ceux de la carrière Gaudy, également connus dans le pays. Le marbre de la carrière Duhamel avait été signalé pour sa couleur gris-blanc cendré, d'une teinte uniforme, et sa solidité.

M. Labarre avait proposé, dans des vues de sûreté et d'économie, de confier l'exécution des bas-reliefs à M. Rognier, de Paris, auteur de la statue provisoire de Henri IV sur le Pont-Neuf, de celle de Duquesne sur le pont Louis XVI, qui avait exécuté déjà le chapiteau de la colonne, et qui aurait dû terminer ses travaux à Boulogne même. Mais cet avis ne fut pas adopté.

Ces bas-reliefs furent presque toujours l'occasion de vifs débats entre l'architecte et les agents de l'administration, principalement sur la question de savoir si leur exécution aurait lieu en marbre, en bronze ou en fonte.

En 1822, le fondeur Carbonnaux, auquel on doit la statue de Louis XIV élevée sur la place des Victoires, offrait d'exécuter la fonte et la ciselure des quatre bas-reliefs, dont deux avec sujets historiques et deux avec inscriptions dont l'une ne comptait pas moins de 402 lettres, pour près de 33,000 fr. Les autres dépenses pouvaient bien monter à une quinzaine de mille francs, en sorte que le total arrivait à 47,000 fr.

L'exécution en marbre devait coûter 10,000 fr. de moins.

Cette économie était déjà une recommandation, mais M. Labarre en trouvait une autre beaucoup plus importante dans ses connaissances artistiques et dans son expérience.

« La durée des sculptures en marbre, disait-il, l'emporte sur celles en bronze, non que cette matière ne puisse braver les injures du temps, mais elle excite la cupidité des hommes. L'antiquité si riche en statues de bronze ne nous en a transmis qu'un très-petit nombre, tandis que celles de marbre, n'ayant eu à souffrir que des outrages des siècles, se sont conservées en grande quantité. Les colonnes Antonine et Trajane n'existeraient plus si elles eussent été revêtues de métal. La couverture du Panthéon a été fondue, et les crampons de bronze qui tenaient les pierres du Colisée ont été enlevés. Il y a donc plus de probabilité de durée pour notre colonne en n'y employant que du marbre, et il en résultera encore plus d'harmonie dans l'ensemble du monument. »

Ces discussions, à part leur mérite comme observations d'art, devaient être inutiles, puisque les bas-reliefs commandés alors ne restèrent jamais qu'à l'état de projet ou de dessin.

L'un devait rappeler le retour du roi en 1814. Louis XVIII entouré de quelques officiers, tenant une branche d'olivier à la main, descendait sur le rivage et était reçu par les députations de la magistrature, du commerce, du clergé, précédées des autorités municipales, dont la première, le maire, présentait au roi les clefs de la ville.

L'autre était purement allégorique. Sur le rivage du Pas-de-Calais, à peu de distance de la mer couverte de vaisseaux, la muse de l'histoire écrivait, sous la dictée d'un génie ailé tenant dans sa main gauche des palmes et dans sa droite un caducée surmonté d'une fleur de lis, la date de la nouvelle destination de la colonne. Alors, en effet, on l'appelait *Colonne des Bourbons!...*

De 1814 à 1830, la Restauration avait été sollicitée, mise en demeure, avec la plus louable persévérance, de terminer ce monument. On a vu avec quelle peine elle répondit aux vœux qui lui étaient sans cesse adressés, aussi le légua-t-elle incomplet au gouvernement sorti de la révolution de 1830.

A la fin de 1829, presque tous les travaux d'architecture étaient achevés; mais il restait à faire ceux d'embellissement et de décoration, c'est-à-dire les bas-reliefs, les inscriptions du piédestal, puis le mur et la grille d'enceinte.

Pendant les premiers moments, nous ne demandâmes rien que l'enlèvement des fleurs de lis et de la couronne si singulièrement placées sur le faîte. La France avait une multitude de charges à supporter. On redoutait la guerre; il fallait réorganiser l'armée... La colonne dut être oubliée, et nous ne nous en plaignîmes pas d'abord ; cependant le 13 décembre 1830, le conseil municipal vota à l'unanimité une adresse à la chambre des Pairs et à la chambre des Députés. On y demandait l'achèvement complet de la colonne, *en apportant à ses bas-reliefs et à ses accessoires les modifications que les circonstances demandaient*. C'était la seconde fois que l'on tenait ce langage, mais avec des intentions différentes.

Le 20 janvier 1831, la chambre des Pairs renvoyait cette pétition au ministère de l'intérieur, qui, le 4 juin suivant, sur la demande du conseil municipal, du préfet du Pas-de-Calais, de M. le maréchal Soult, décidait que la colonne prendrait le titre de *Colonne de la grande armée*, décision qui ne tarda pas à exciter des réclamations assez vives.

Je me rappelle les fort bonnes raisons mises en avant contre cette dénomination, presque consacrée aujourd'hui, par un des membres du conseil municipal, dans une séance du 30 septembre 1831, où il demanda avec chaleur que ce nom fût changé en celui de *Colonne Napoléone*.

En l'an XIII, en effet, le monument avait été voté à la gloire de l'empereur Napoléon par l'armée expéditionnaire et la flottille réunies. Il n'y avait donc pas de bonnes raisons à donner pour exclure de la dénomition le corps de la marine.

La grande armée n'avait pris ce nom qu'après être

partie du camp de Boulogne et treize mois après seulement, pendant la campagne d'Austerlitz.

La première pierre posée le 18 brumaire an XIII, porte ces mots : « Première pierre du monument dé-
» cerné par l'armée expéditionnaire de Boulogne et la
» flottille *à l'empereur Napoléon.* »

Et dans le monument même ne trouvait-on pas toutes les indications nécessaires pour prouver sa véritable destination ? La statue devait être celle de Napoléon ; les bas-reliefs devaient représenter l'hommage de l'armée à Napoléon, la distribution des décorations de la Légion d'Honneur ; le plan des trois ports de Boulogne, Wimereux, Ambleteuse, et la flottille en rade ; l'aspect des camps de la colonne et de la baraque Napoléon. C'était donc bien à Napoléon que l'hommage était adressé et non à l'armée.

A cet égard, l'antiquité nous offrait plus d'une utile leçon. La colonne Trajane, élevée par le peuple et le sénat romain en l'an 117, quoiqu'elle soit surmontée maintenant de la statue de saint Pierre, n'en porte pas moins son nom primitif ; le grand arc de triomphe de Septime-Sévère, élevé par le peuple romain en mémoire de la victoire que cet empereur remporta sur les Parthes, la colonne Antonine et tant d'autres monuments anciens, du moyen-âge et du siècle dernier, nous disent assez que jamais un monument décerné ne porte le nom de celui ou de ceux qui l'ont décerné, mais bien de celui à qui il a été offert. C'est un vote, un suffrage, une sorte d'autel votif destiné à consacrer un nom célèbre dans les annales d'une nation.

On ne pensa pas d'abord à replacer la statue de Napoléon. Il ne fut question que d'un très-léger changement dans le couronnement. On conservait le globe doré ; et M. Labarre, qui tenait à sa flèche verticale comme caractérisant le monument, comme déguisant la forme banale employée en toutes occasions, comme donnant un air de ressemblance avec les colonnes milliaires que les Romains élevaient sur leurs grandes voies publiques, proposait de remplacer la couronne par un cercle orné d'étoiles. Le conseil des bâtiments civils offrait, lui, une restauration plus économique : c'était de remplacer tout bonnement les quatre fleurs de lis incrustées sur le globe par autant d'étoiles.

Un an après ce premier changement, en 1832, M. Labarre mourut. Le digne homme n'eut pas la consolation de voir terminer le monument qu'il avait fondé. Il fut remplacé par M. Henry, l'un des architectes les plus distingués du Pas-de-Calais, qui était architecte inspecteur des travaux de la colonne depuis plusieurs années et dont le père avait fait partie de la première commission administrative.

A M. Henry, depuis ce moment, échut l'honorable mission de veiller à l'achèvement du monument. Plus heureux que son prédécesseur, et quoiqu'il ait eu à lutter avec autant de persévérance que lui, les événements lui vinrent en aide. On ne craignit plus de rendre à la mémoire de Napoléon les hommages qui lui étaient dus et il fut décidé que la statue de l'empereur reprendrait sa place sur la colonne. C'est cette réhabilitation qu'après trente-sept ans de luttes la cérémonie du 15 août 1841 est destinée à célébrer.

Placée près de la route de Paris, dans un champ de la commune de Wimille, à un quart de lieue de Boulogne, entièrement isolée, la colonne, tout en marbre du Boulonnais, s'élève à 165 pieds du sol, en face de l'Angleterre, dont elle est aperçue de Douvres et de divers points de la côte.

Son aspect sur le rivage est tout à fait imposant. Elle s'élance dans les airs, élégante, correcte et majestueuse, du milieu d'une enceinte en marbre qui en défend l'approche et dans laquelle on pénètre par une grille ornée de chaque côté d'un lion en bronze couché sur un piedestal.

La porte, qui recevra sans doute des ornements en rapport avec les souvenirs que le monument rappelle, laisse pénétrer dans la salle des archives, qui plus tard sera ornée des bustes de Napoléon, du maréchal Soult et de l'amiral Bruix, — ces trois historiques souvenirs du camp de Boulogne, — et ensuite dans l'escalier, composé de plus de 200 marches, qui conduit à la lanterne de la plate-forme.

La statue de Napoléon, soutenue par un bouclier autour duquel sont des aigles en bronze, est l'ouvrage de M. Bosio, auquel on doit tant de productions remarquables. Commandée en août 1838 par M. le comte de Montalivet, alors ministre de l'intérieur, elle fut fondue en 1840 par M. Saint-Denis. Aux funérailles de l'empereur, le 15 décembre 1840, elle fut placée sur le bord de la Seine, en face l'Hôtel des Invalides.

L'empereur est représenté debout, en grand costume impérial, portant le manteau orné de broderies et parsemé d'abeilles. D'une main il tient le sceptre, de l'autre il présente les insignes de la Légion-d'Honneur. Sa tête est couronnée de lauriers. Tout, dans cette statue, haute de 15 pieds et de 16 pieds et demi avec le bouclier, qui a lui-même 7 pieds de diamètre, rappelle les motifs de la fondation de la colonne rendue aujourd'hui après tant de vicissitudes diverses à sa véritable destination.

Il n'y aura plus à placer que les bas-reliefs.

Confiés à MM. Théophile Bras et Lemaire, tous deux sont terminés et seront bientôt coulés en bronze, car c'est le bronze qui a été définitivement choisi.

La colonne de la grande armée va augmenter le nombre des monuments qui témoignent de la protection éclairée du gouvernement de Louis-Philippe en faveur des arts. C'est sous le règne de ce prince, qui a couvert la France de tant de monuments utiles, qui a donné une si noble et si utile impulsion aux travaux publics, qui a surtout veillé avec tant de sollicitude à leur complet achèvement, qu'elle a été terminée et rendue à sa véritable destination. Nos vieux soldats la verront avec joie, les jeunes la salueront avec respect ; car elle n'est plus aujourd'hui l'emblème d'une opinion, l'espérance d'un parti, c'est l'expression durable de la reconnaissance nationale, c'est l'hommage rendu à un grand homme et à une époque glorieuse qui ne peut plus devenir l'instrument des mauvaises passions. Elle est maintenant la conquête de l'histoire.

FIN.

LIBRAIRIE DE LAVIGNE
1. Rue du Paon-Saint-André.

# HOMÈRE ILLUSTRÉ.

## TRADUCTION NOUVELLE
### *entièrement conforme au texte grec,*

Accompagnée de Notes, d'Explications et de Commentaires.

### PRÉCÉDÉE D'UNE VIE D'HOMÈRE
#### ET D'UNE
### INTRODUCTION A L'ILIADE ET A L'ODYSSÉE,

### PAR EUGÈNE BARESTE,

Ornée de 300 vignettes dessinées sur bois,
ET COMPOSÉES D'APRÈS LES MONUMENTS GRECS
### PAR A. DE LEMUD, T. DEVILLY ET A. TITEUX.

### **Conditions de la souscription.**

Les œuvres d'Homère formeront deux magnifiques volumes in-8°, imprimés sur papier superfin d'Essone, ornés de 300 vignettes gravées sur bois et intercalées dans le texte, et de 24 sujets tirés à part.

Les deux volumes seront divisés en 68 livraisons; chaque livraison sera composée d'une couverture illustrée, de 16 pages de texte, avec 5 ou 6 vignettes, ou de 8 pages de texte avec un grand sujet tiré à part.

Le prix de chaque livraison est de 30 centimes.

Il paraît une ou deux livraisons par semaine.

L'éditeur s'engage à donner *gratis* les livraisons qui dépasseraient le nombre annoncé.

Les livraisons seront adressées *franco*, dans Paris, aux souscripteurs qui paieront à l'avance 20 livraisons.

Imprimé par Béthune et Plon, à Paris.

Paris. Imprimé par Béthune et Plon.

www.ingramcontent.com/pod-product-compliance
Lightning Source LLC
Chambersburg PA
CBHW060518050426
42451CB00009B/1047